U0040069

Smile, please

smile 175

【跟一行禪師過日常】怎麼連結

作者：一行禪師（Thich Nhat Hanh）

譯者：張怡沁

責任編輯：潘乃慧

封面設計、繪圖：王春子

校對：聞若婷

法律顧問：顧慕堯律師、董安丹律師

出版者：大塊文化出版股份有限公司

台北市105022南京東路四段25號11樓

www.locuspublishing.com

讀者服務專線：0800-006689

TEL：(02)87123898　FAX：(02)87123897

郵撥帳號：18955675　戶名：大塊文化出版股份有限公司

版權所有　翻印必究

總經銷：大和書報圖書股份有限公司

地址：新北市新莊區五工五路2號

TEL：(02) 89902588　FAX：(02) 22901658

初版一刷：2021年10月

初版十二刷：2024年7月

定價：新台幣180元

Printed in Taiwan

一行禪師

Thich Nhat Hanh

怎麼連結

How to Connect

張怡沁　譯

目次

連結筆記

———————

與自己連結，

與他人連結，

進而與自然連結。

我們在這裡，從彼此分離的假象中覺醒。

正念是一種療癒的藥膏，可以止息我們的疏離感。無論是我們的內在，還是周遭事物，正念都可以覺察而不批判。

當我們以全然的覺知，真正與手邊在做的事建立連結，無論是走路、呼吸、刷牙，還是吃飯，這份覺知都能帶我們回到當下此刻。這是幸福快樂的基礎。

當我保持正念，就更能欣賞一切事物——從你喝的第一口茶，到踏出門的第一步。我在這裡，為生命而在，生命也為我而在。

修習正念呼吸以及正念行走，能讓我們連結到身體的奧妙、地球的奧妙，還能連結到整個宇宙。

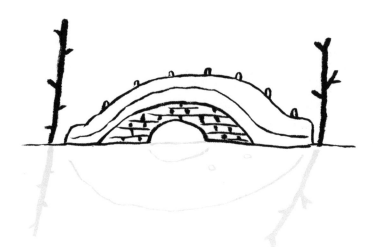

正念的能量

正念的能量能帶給我們需要的安穩，有助於辨識並擁抱負面的情緒，不至於因此而不知所措。我們得以和周圍的美妙生命連結，體會大地母親的慷慨，而且明白許多帶來幸福快樂的條件，其實早就存在。

覺察呼吸

在日常生活中，我們經常忘了身心是相互連結的。我們的身體在這裡，心卻跑到別處。我們很容易陷入工作、計畫、焦慮與夢想之中，沒有真的活在身體之內。今天，我們愈來愈常活在頭腦裡，並且愈來愈疏遠自然世界。呼吸是連接身心的橋梁。回到我們的呼吸，帶著覺察，從頭到尾跟隨整個呼吸，能將身心重新合一，提醒我們當下的奇蹟。覺察到吸氣和吐氣，能讓我們安定下來，將平和帶回身體。

清晰地觀看

協調身心的修習會帶來清明,這有助於消除錯誤的認知。當我們感到不知所措、困惑或無法清晰思考時,我們無法如實地認知事物,我們的言行可能為自己和他人造成痛苦和分離。當我們培養內在的安詳,就會開始看到事物的真實面貌。當我們能夠清晰地觀看,即可生出理解和慈悲,憤怒和嫉妒也自然消失。我們接受自己的本來狀態,接受他人的真實面貌,也能帶著慈悲的眼光看待自己和他人。

享受安坐

讓自己安靜坐著，帶著正念與專注；讓呼吸跟隨它自然的節奏。享受吸氣與吐氣。不要用力，自然就會放鬆。當我們完全放鬆，能夠自我療癒。我們安坐時，可能覺察到外頭的天上有許多星星。我們也許看不到，但星星無論如何都在那裡。我們在這奇妙美麗的星球上安坐，而它在銀河中轉動著，銀河裡則有數以千億計的星星。如果我們保有這份覺察坐著，那安坐還需要什麼目的呢？我們清楚看到宇宙與地球的美好。帶著這份覺察安坐，就能從過去到未來擁抱全世界，而我們的幸福是無盡的。

回到自己的家

在每天的生活中,我們常常困於自己的感受、認知、思緒,很少能感到自在。我們就像一片葉子,漂浮在汪洋裡,隨著浪濤載浮載沉,無法主宰自己,也無法主導外在狀況。回到自己的家,別再成為外境的俘虜,這非常重要。跟著吸氣與吐氣,回到自己,這是平靜的基本修習。

尋找堅實地基

我們的社會裡，因為感到孤單而受苦的人難以計數。我們不斷消費，持續嘗試與他人連結，只想掩蓋空虛的感受。科技為我們帶來許多保持連結的設備，但我們依然覺得寂寞。我們可能會用上一整天的時間嘗試連結——不時檢查電子郵件、發訊息、貼訊息、看影片，內在的寂寞之感卻一點也沒減少。所有人都在尋找自己的堅實地基、真正的家園，讓我們感到安全、舒適、滿足、不再寂寞的地方。但是家在哪裡？佛陀說，家在我們內在，裡頭有座寧靜小島，我們可以利用正念呼吸或行禪回到島上。你可以觀想

一座美麗的島嶼，有綠樹、清澈的水流、小鳥、陽光和新鮮的空氣。只要深呼吸，走一步，就能在當下此刻回到家，感到舒適放鬆。當我們像這樣回到內在之家，歸依內在的島嶼，我們便成為自己的家，也成為他人的歸依處。

修習的核心

在我們的社會，禪修非常困難。每件事似乎都讓我們遠離真我，而可做的事又很多，像是上網、打電動、聽音樂，在在讓人分心。禪修是回到自己的機會，讓自己好好照顧身心，保持覺察，微笑，呼吸——什麼事都不做，單純回到自己，觀察內在與周遭發生的事。首先是給自己時間，釋放身心的壓力，然後花時間深觀自己，觀察自身的狀況。

將禪修注入日常生活

要怎麼把禪修從禪堂帶出來,帶進廚房與辦公室?我們要如何修習,才能把修習與非修習之間的隔閡去除?我有個朋友,在與不同人講電話的間隔做正念呼吸,這帶給她很大的幫助。另外有位朋友,趁著開會空檔修習正念行走,在丹佛市中心的辦公大樓間行禪,結果會議氣氛通常很愉快,成果也不錯。我們可以把禪修從禪堂帶入日常,成為每日生活的一部分。

連結過去、現在和未來

正念意指讓自己處在當下此刻，但這不代表不能回顧過去、從中學習，或是計畫未來。當我們將過去的事件帶到當下，作為正念的對象，過去的經驗教會了我們很多。當我們仍沉溺於過去，就無法像現在如實地觀照事物。透過正念修習，我們有了新的看法，可以從過去學到很多東西。若你確實扎根於當下，未來成為正念的對象，你便能深觀未來，明白當前可以做些什麼，創造未來。照拂未來最好的辦法，就是照拂當下，因為當下構成了未來。

真實溝通

現在我們的溝通管道有很多，像是智慧型手機、電腦和電視，但伴侶、父子及母女之間的溝通，卻變得非常困難。擁有許多3C產品未必能改善我們的溝通品質。如果我們無法與自己連結，無法理解自己，無法覺察苦、恐懼和憤怒背後的成因，就無法與自身連結。如果我們無法和自己交流，又如何與他人交流？回到內在，連結自己的身體、感受、認知，以及苦。培養傾聽自己的能力，於是能夠傾聽他人。

在鄉間小徑漫步

我喜歡獨自漫步在鄉間小路——兩旁是稻田與野草,腳踏在地上的每一步都帶著正念,覺察自己正走在美妙的地球上。在這樣的時刻,存在本身成了不可思議又奧妙的實相。

在大地上行走是真正的奇蹟

人們總以為在水上或空中漫步是個奇蹟。但我認為真正的奇蹟是在地球上行走。每天我們都經歷這樣的奇蹟,卻毫無所覺:藍天、白雲、綠葉、孩子的好奇眼神,還有我們的雙眼,一切都是奇蹟。

正念行走

正念行走是一種藝術。當我們真正與自己的步伐跟呼吸同在，心自然安定，也就感到平和。於此能生出許多洞察；我們看事情更清晰。問題瞬間變得沒那麼糟糕，痛苦沒那麼強烈，我們開始注意到周遭的美妙生命——美麗的樹木、花朵、宛轉的鳥鳴。

深深接觸一件事，等於觸及一切

我站在梅村修習中心，我知道自己站在法國的土地上，也清楚法國連接到歐亞大陸的其他地區。這樣的覺察，把你站立的位置轉化成整個地球。當你修習行禪時，意識到自己正在美麗的地球上行走，你能放下狹窄的視野和侷限。每走一步，便觸及整個地球；有了這種覺察，你從許多煩惱和錯誤觀點中解脫出來。當你深刻地覺知一件事，就等於觸及了一切。

相即

「相即」意指沒有任何事物能獨自存在，一切都與其他事物相互依存。假設我們帶著正念與專注深觀一朵玫瑰，很快就會看到玫瑰是由非玫瑰的元素所組成。我們在玫瑰裡看到什麼？我們看到了雲朵、雨水、陽光、土壤、礦物質和園丁。如果移除非玫瑰的元素，就沒有玫瑰了。玫瑰無法獨自存在。一朵玫瑰必須和整個宇宙相即而存。我們可以在日常生活中看到所有事物的相互影響，如此就不會執著於小我之中。我們的連結、喜悅和苦難無處不在。

我們相互依存

當我們看著地球和自己，可以瞭解到人是由非人的元素所組成。看著我們的身體，發現了礦物質、動物、植物和其他元素。我們可以看到生命和人類的整個演化。如果移除非人類的因素，人類就會消失。因此，為了保護人類，我們必須保護所有非人類的元素。

一即一切

當下包含過去和未來。當我深觀當下此刻，就觸及了過去和未來。我的祖先在我身上延續，存在於身體的每個細胞中。我可以與所有後代保持連結，因為子孫後代已經存在於我之內。帶著安穩、祥和與自在邁出的每個正念步伐，都會滋養我、我的祖先，以及在未來顯現的無數後代。我們修習正念，保持健康的身體和心識，這不僅是為了自己，也是為了祖先、父母、子孫、社會，乃至世界。

無我

禪修幫助我們看到萬物的相互連結和依他起性。無論是人類或其他生物的世界，沒有哪一種現象可以獨立出現並持久存在的。此依賴彼；一件事要靠著另一件事來觸發並持續。這是對相即的洞察，也就是無我，亦即沒有恆常獨立的實體，包括我們自己；我們相互依存。

聆聽鐘聲

當我還是個年輕僧人，在越南，每個村子的寺廟都有洪鐘，就像歐洲教堂裡的大鐘。每當鐘聲響起，所有村民都會放下手邊的事，暫停一會兒，以正念呼吸。我在法國的梅村僧團也會這樣做。我們一整天的作息由很多鐘聲串起，包括禪堂的鐘聲，還有召喚我們參加活動的鐘聲。每次聽到鐘聲，我們都會回到自己，享受呼吸。吸氣時，默念：「靜聽，靜聽。」吐氣時，想著：「這美妙的聲音，帶我回到真正的家。」真正的家，就在當下此刻。

停下來等紅燈

當我們看到紅燈或「停車再開」的標誌，可以微笑道謝，因為它幫助我們重新連結自己，也連結當下此刻。紅燈是正念的鐘聲。我們或許以為紅燈妨礙我們早點到達目的地，但現在我們知道，紅燈是我們的朋友，幫助我們拒絕匆忙，提醒我們回到當下此刻，與生活及平靜相遇。下次遇到塞車，請別生氣。如果你輕鬆坐著、對自己微笑，就能享受當下此刻，也能讓車上的每個人放鬆而愉快。

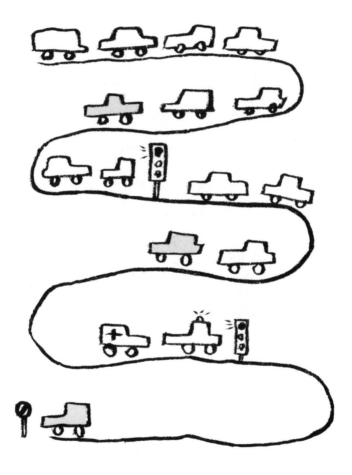

正念的鐘聲

隨著時間的過去，我們可以辨識出自己的「正念鐘聲」——某種聲音或某個日常重複的動作，提醒我們回到有意識的呼吸。這可以是「停車再開」的交通標誌、前三聲電話鈴響、上下樓梯、開門與關門，或沿著小徑走回你的家門。你也可以在工作電腦下載正念鐘聲，提醒自己。這些機會都可用來提醒自己暫停手邊的事，回到身體與當下。

回到你的靜修處

一個暴雨過後的晴朗早晨，我決定在靜修處附近的林子待上一天。出發之前，我打開小屋所有的門窗，讓陽光曬乾一切。但到了下午，天氣變了。風颳了起來，烏雲密布。我心想，門窗都開著，得及時回家。抵達時，小屋亂七八糟，裡頭又冷又黑，我的稿子散落一地。首先，我關上所有門窗，然後點一盞燈，在爐子裡生起火。最後，我從地板上撿起稿紙放在桌上，用石頭壓住。

現在有了燈光，也暖和了。我坐在火爐旁聽著風聲。我察覺到自己的吸氣和吐氣，感到很滿足。在日常生活中，我們有時會感到

難受、空虛和寒冷，似乎什麼都不對勁，覺得「今天很不順」。那一天，我的靜修處的狀況確實如此。這種時候，最好回到自己，回到內在之島，回到自己的靜修處，關上門窗，點起燈，生起火爐。這意謂你已經停下來，不再奔波、思考或交談。你回到自己，回到你的靜修處，與呼吸合而為一。

靜修處就在心裡

每個人都有一個靜修處，那是我們可以依止和修習呼吸的地方，但那不表示與世隔絕，而是和自己產生更深的連結。呼吸是一個好方法。我們從正念吸氣和吐氣開始。吸氣時，可以說：「吸氣，我在當下此刻。」吐氣時，說：「吐氣，這是美好的時刻。」在重複的過程中，我們可以簡單利用「當下此刻」這幾個字伴隨吸氣，用「美好時刻」伴隨吐氣。正念呼吸讓我們的靜修處更加舒適。當內在的靜修處如此舒適祥和，我們與外界的接觸就更愉快了。

手機

手機是便捷的溝通工具，為我們節省了旅行時間和費用，幫助彼此連結。但是手機也可能控制了我們。如果我們毫無覺察，花很多時間在手機上，那就浪費了寶貴的時間和精神，迷失了自己，沒有什麼效益。很多人都是手機的受害者。

　　電話響起時，你可以練習正念呼吸，在接聽電話之前，先回到自己。記住，你是自己的主人。對自己說：

　　吸氣，我讓身體平靜。
　　吐氣，我微笑。

打電話或發訊息之前，我們可以練習正念
呼吸並背誦這首偈頌：

話語傳千里，
長養信與愛。
字字是珍寶，
句句是花朵。

在這個當下，能帶來幸福快樂的方法很
多。我們可以從善意的話語開始。與他人交
流的用詞，可以帶給他們自信、希望和信
任。正念說話是深刻的修習。當我們謹慎選
擇用詞，就能帶給他人幸福喜樂。

聆聽自己

正念聆聽與正念說話，幫助我們恢復溝通。
首先，要回到自己的內在之家，修習純粹的
覺察。這代表傾聽所有生起的思緒與情緒，
不帶任何批判，然後讓思緒與情緒飄過，不
要執取。我們可以學著傾聽自己的痛苦，不
用逃避自己，也不必掩飾不快或不舒服的感
受。我們在這裡陪著自己，瞭解自己以及自
己的痛苦和困境，並得到轉化。在傾聽他人
之前，我們要先花時間聆聽自己。

樂與苦相互依存

享受幸福快樂並不代表沒有痛苦。現代文明的主要煩惱,是我們不知道如何處理內心的苦,於是嘗試各種消費來掩蓋痛苦。市場上充斥五花八門的事物來分散我們的注意力。但除非我們懂得面對苦,否則我們無法為生命而在,也不會體驗到幸福快樂。幸福的藝術,就是面對痛苦的藝術。當我們學會辨識、擁抱和理解苦痛,我們遭受的苦就會少許多。我們難以接受的事實之一是,沒有一處只有樂而沒有苦的地方。如果我們只集中於追求快樂,可能會以為是痛苦阻礙了我們幸福快樂。正念修習,亦即安住當下的能

力，是幫助我們面對苦又不會被痛苦淹沒的良方。覺察自己的吸氣與吐氣，產生正念的能量，就能辨識苦、接受苦、溫柔地擁抱苦，因此照拂了自己的苦痛。有了正念，我們不再害怕苦，而且能生起理解和慈悲的能量，這種能量可以同時療癒自己與他人，並且帶來幸福。

減輕憂慮

有些人知道擔憂毫無助益，還是習慣性地擔憂。當我們憂慮，就無法感受生活中的奇蹟，也很難感到快樂。或許我們想要擺脫憂慮，但是擔憂已經成了自己的一部分。因此，煩憂浮現時，我們必須知道如何處理，以平和、非暴力的方式溫和地處理。我們可以說：「你好，小小的憂慮，我知道你在。我聽到你的聲音，我會照顧你。」憑藉正念的力量，溫柔地認識並擁抱擔憂、煩躁、恐懼和憤怒，就像是抱著哭泣的寶寶，安撫她的悲傷、憤怒與恐懼。

不要被蒙蔽

寂寞是普遍存在的。我們與他人、跟家人往往欠缺實質的溝通；有時受到寂寞驅使，我們甚至輕易與人發生肉體關係。我們以為這樣能消減寂寞感，但這是錯誤的認知。我們不該被蒙蔽了。如果和另一個人欠缺心靈精神層面的交流，性關係只會讓雙方感到更痛苦，擴大彼此的鴻溝。最終，我們會感到更加寂寞。

認識並轉化愛執

人都難免執著。我們出生時，對自我的執著依戀就已存在。即使是健全的愛情關係，也或多或少具有占有和執著，但過度的話，兩個人都會很痛苦。如果父親認為自己「擁有」兒子，或是關係中的一方控制了另一方，那麼愛就成了監獄，生命的流動因此僵化停滯。少了正念，執著變成厭惡。執著和厭惡都會帶來痛苦。深觀愛的本質和執著的程度，然後著手解開心結。真愛的種子已經存在我們之內。藉由深觀，痛苦和愛執的種子逐漸縮小，正面的種子發芽成長，讓我們得到寬廣而無所不包的愛。

聆聽內在小孩

每個人內在都有個受傷的孩子，需要傾聽。如果我們帶著正念，就能聽到內在小孩的呼救。回到心中，溫柔擁抱受傷的小孩。你直接用愛語跟內在小孩說：「以前，我讓你孤單一人，非常抱歉。我知道你受苦了，我忽略了你。現在，我在這裡陪著你。我會盡力照顧你。」你可以和受傷的孩子一起哭。不論何時，只要你需要，都可以與內在小孩一起坐著、一起呼吸。「吸氣，我在這裡陪著你。吐氣，我會好好照顧你。」每天跟內在小孩說幾次話，療癒就發生了。溫柔擁抱內在的小孩，跟他保證，你永遠不會讓他失

望，也不會再離開。受傷的小孩遭到忽視很長一段時間。仔細聆聽內在小孩。當您爬上一座美麗山峰或欣賞日落時，邀請內在小孩一起享受。深深感受當下，就能療癒過去。

受傷的內在小孩可能代表好幾個世代。我們的父母和祖先可能不懂得照顧受傷的內在小孩，因此將這個孩子傳給我們。修習就是要結束這個循環。療癒受傷的小孩，我們因此解脫，而傷害或虐待我們的那個人，也因為我們的幫助得到解脫。我們可能會看到，傷害我們的人，自己就是受害者，但是他們沒能轉化自己的痛苦。與內在小孩一同修習，可以減輕我們的痛苦，帶來轉化。

傾聽他人

對他人慈悲，最有效的方式就是聽他們說話。只要我們懂得如何帶著慈悲心聆聽自己的苦，就有辦法帶著慈悲傾聽他人；聆聽有如敷在他們傷口的藥。我們聆聽只為了一個目的，就是讓別人有機會訴說心事，減輕苦痛。不論聽到什麼，不要打斷或試圖指正。當我們看到並理解對方的痛苦，內心自然會生出慈悲，不再怪罪他們的行為。我們只想提供幫助和支持，而心懷慈悲、不帶批判的諦聽，自然能夠達成這個目的。

用心去聽

只要是跟朋友談話，我一定全心全意聆聽他們說話的內容與聲調，所以我能聽出他們的擔憂、夢想及期待。諦聽並理解對方想告訴你的每一件事，這可不容易，不過每個人都能培養這種聆聽的能力。

解開心裡的結

有些人想到自己的父母時，無法不摻雜了憤怒或悲傷的情緒。我們在兒時經歷的苦，會在心識中累積並形成痛苦、憤怒和沮喪，束縛我們，讓我們無法自由。這些內在的結，具有推動我們和控制我們行為的力量。每個人都有這種內在的糾結需要照料。藉由禪修，可以解開束縛你的心結和慣性行為。你會經歷轉化，進而療癒自己，療癒緊繃或破裂的關係。這麼一來，你就不會把痛苦傳給下一代。

打電話和解

在禪修營的第四天，我們會建議每個人運用這幾天學到的東西，恢復與某個人的溝通。許多人疏遠某個家人；也許你生父親的氣，想不出能跟他說什麼。現在，你修習了幾天，深觀自己的痛苦，還有另一人的痛苦。如果這位家人也參加禪修營，那就容易多了，因為他們聽到了相同的教導，也一直練習。但如果他們人在家裡，你可以用手機打給他們。修習正念呼吸和行禪，可以幫助自己平靜下來。經過三、四天的修習，你的內心已經產生很大的變化。當你撥通電話、聽到對方的聲音時，突然間會發現自己有能力

諦聽，並使用愛語。「爸爸，我知道你多年來受了很多苦，但我沒能幫你，反而讓情況惡化。我一直很固執又憤怒，因為我不理解你的難處。我無意讓你受苦。請跟我談談你自己、你的痛苦和困難。」當你這麼說的同時，對方的心便會敞開，恢復了溝通，兩人都會獲得療癒。慈悲的種子和諦聽的能力就在你心中，只要帶著正念即可接觸到。任何關係都有可能和解，包括黨派之爭以及國與國的衝突。

和解從內在發生

有人曾寫信告訴我：「過去我犯了錯。現在我想和女兒和好，但每次我寫信給她，約她見面，她總是拒絕我。我還能做什麼？」你可能以為和解必須面對面進行，但實際上，和解是從內在而生。對自己的行為負起責任是第一步。當你接受自己的不足與缺乏善巧，慈悲和洞察就會從內心生出。如果你的內在還無法真正和解，就很難與另一個人和解。從內在開始和解，和平與愛便有可能。當你體現和平與愛，便能更輕易改變情況。

四句真言

這四句真言具有神奇功效，可以在日常生活中練習，幫助自己與他人（尤其是我們所愛的人）連結。真言具有轉化情況的力量——但只有真正處在當下，為對方而在，才能發揮作用。

第一句真言是：「我為你而在。」我們能帶給他人最大的禮物，就是我們真實的存在。這建立了真正的連結。

第二句真言是：「我知道你在那兒，我很幸福。」真實存在，知道對方也在，這是個奇蹟。當你真的在當下，就能覺察並欣賞其他人和事物的存在，比方說一輪滿月、木蘭

花叢，或你所愛的人。

第三句真言是：「親愛的，我知道你受苦了。」當你保持正念，會注意到你所愛之人何時在痛苦。光是你的存在，就能減輕他們的許多痛苦。

第四句真言最為困難。當你自己受苦，而且你認為這苦是另一人造成的，可以做這個練習：「我在受苦。請幫幫我。」很多人因為自傲，不願說出這句話。但在真愛中，沒有驕傲的空間。對方聽到你的話，他會回到自己身上，深觀自己。那麼兩人就可以一起解決問題，放下錯誤認知，和彼此和解。

無我的洞察

修習書法禪時，我有時會請母親、父親或祖先跟我一起寫。雖然他們已經過世，我們還是一起寫著；我感受到無我的洞察，這成為一種深刻的禪修。禪修、工作、喜悅和生活合而為一。行走時，我為父親而走，也為母親而走。我為我的師父而走，為學生而走。也許你的父親或母親從來不知道正念行禪是怎麼回事，也不知道如何享受每一刻和每一步。因此，我們可以帶著正念為他們行走，這樣所有人都會受益。

身體的左右手

有一天，我想把一幅畫掛上牆，我左手拿著釘子，右手握著錘子。我沒有很專心，所以一錘下去沒敲到釘子，反而敲到手指。我的右手馬上放下錘子，緊握著左手，彷彿自己受了傷。右手將左手的痛苦看作是自己的痛苦。左手可沒說：「右手，給我錘子。我要伸張正義！」左手有種內在的智慧，也就是無分別心。當我們擁有這種智慧，就不會受苦。左手從不與右手打架。雙手之間擁有和諧與諒解的能力

早晨漫步

每天早晨醒來，穿好衣服，我會離開小屋去散步。通常天色依舊很暗，我輕輕地走，感受周遭的自然環境和漸漸隱沒的繁星。有天早晨散步完畢，我回到小屋，寫下：「我愛上地球母親。」我彷彿墜入愛河的年輕人般興奮。當我想到地球，我會想：「我要走進大自然，享受一切美好的事物，享受奇妙的一切。」我的內心充滿喜悅。地球給我的是如此豐富。而我如此愛她。這是份美好的愛，沒有背叛。我們將心靈託付給地球，而她將自己整個生命託付給我們。

建立聖壇

我在法國靜修處的供桌上，有佛陀像也有耶穌像，每次上香時，我就會與祂們連結，祂們都是我的靈性先祖。當你接觸到真正代表某個傳統的人，你不只接觸了他們的傳統，也觸及自己的傳統。你可能想在書架或桌上設置自己的聖壇，供著鮮花、鵝卵石或是在大自然中發現的美麗東西。你可能想擺放一、兩張過世家人的照片，你知道他們在你的生命中延續著。在越南和其他東亞國家，每個家庭都設有祖先供桌。每當家中發生重要大事，例如有新生兒降臨或孩子上大學，我們都會供香，跟祖先報告這個消息。歷經

長途旅行、回到家中，我們所做的第一件事也是跟祖先上香，報告我們已經回到家。家中的供桌讓我們與大自然、祖先，還有靈性的傳承保持連結，以此尊敬他們，讓他們活在我們心中。

每一秒都是珍寶

每一秒鐘都蘊藏著豐富的珍寶，而每一分、每一秒本身就是一件珍寶。當我們深觀如此珍貴的一秒鐘，可以看到藍天、綠地、樹木、山丘、河流和海洋——真是太美了！讓我們從活著的每一刻之中深深受益。

我們與地球的聯繫

地球時時都在淨化與更新。無論我們丟給地球鮮花、尿液還是糞便，地球都一視同仁。她接受一切（無論純不純淨），將其轉化，不論要花多久的時間。人類許多輕忽、粗心的行為傷害了地球，但地球並沒有懲罰我們。她賦予我們生命，在我們死後也歡迎我們回到她身邊。當我們深觀我們與地球的連結，會生出敬佩、愛與尊重。當我們瞭解地球不光是周遭的環境，就會採取行動保護地球，就像保護自己一樣。地球是我們，我們是地球。透過這種交流，我們不再感到疏離。

太陽也是我的心

身體裡的心臟，不是我唯一的心。天空中的太陽也是我的心。如果體內的心臟停了，我會立即死去。如果陽光不再照耀，生命的流動將會停止，我也跟著死去。太陽是身體之外的心臟，賦予地球上所有生命所需的光和溫暖。植物得益於陽光，因此能夠生存。我們和其他動物則是多虧了植物，才得以生存。所有的一切（人、動物、植物和礦物質），都直接或間接地從太陽獲取營養。明白這一點，就很容易超越自我和無我的二元性，看到環境與我們實無二致。

幸福不是個人問題

我認識一個十一、二歲的男孩。他生日的前一天，父親問他：「你生日想要什麼？你想要什麼，我都會買給你。」但那男孩一點也不開心。他知道父親有能力為他買任何東西，但他什麼都不需要。他不快樂，因為父親總是很忙，很少花時間在家裡。過了一會兒，這男孩說：「爸爸，我想要的是你！」孩子最想要的是他們所愛的人陪在身邊。父親要是真能理解這一點，那麼他絕對會花幾分鐘修習正念呼吸或行禪，放下所有的工作計畫，把時間留給兒子。沒有人是完全獨立的個體。父親和兒子不是完全分開的現實。

父親存在於兒子之中，兒子也存在於父親之中。兒子是父親在未來的延續，而父親是兒子回到源頭的途徑。如果兒子不快樂，父親就不會快樂；如果父親不快樂，兒子也無法快樂。他們的幸福相互影響。幸福不是個人的問題。

我充分瞭解你嗎？

愛語和諦聽是開啟溝通之門的好方法，能幫助我們與所愛的人順暢交流，包括孩子。身為父母，我們不應該使用權威的語言，而是對孩子使用愛和理解的語言。只有如此，孩子才會對我們訴說困難、痛苦、焦慮和夢想，這可以幫助我們更理解他們，更愛他們。如果我們的愛不是建立在理解的基礎上，孩子不會感受到愛。你可以坐在孩子、甚至伴侶或朋友身旁，問：「你覺得我瞭解你嗎？我懂你的困難、痛苦、夢想和最深切的渴望嗎？請告訴我。我不想讓你受苦。如果我不明白，請幫助我理解。」

無分別的智慧

有次一個年輕人問我：「既然一切都是一體，萬物為一，為什麼要給不同的事物取不同的名字？」這個問題非常好。我的回答是，名相是許多問題的根源。我們給各個地方取不同的地名，如北美、伊朗和伊拉克，但它們都是地球的一部分。以色列和巴勒斯坦是同一個身體的兩隻手。如果自己要生存，就必須為另一端的生存而努力。生存是指人類整體的生存，不是一部分而已。只有理解無分別的智慧，所有人才能生存下去。

正念進食

每當我們以正念進食，就能與地球更深入地連結。與地球保持連結，能療癒我們的苦、沮喪與疾病。帶著正念吃麵包，可以看到地球、太陽、雲朵、雨水和星星，都在這一小塊麵包之中。少了這些元素，就不會有麵包了。我們看到整個宇宙聚集在一小塊麵包裡，滋養我們。

喝茶

喝茶是保留時間給自己、與自己交流的好方法。我喝茶時,就只是喝茶。我停下所有的思緒,將注意力集中在茶本身。只有茶,也只有我。我與茶之間存在著連結。我吸氣,覺察到吸氣在那裡、身體在那裡,而且茶也在那裡。有時間在這裡喝茶,身心一體、安住於此時此地,真是太好了。當你真正處在當下,你變得真實,茶也變得真實。

祈禱

也許所有的祈禱，終歸要回到人類對快樂，以及與他人、與外在連結的簡單渴望。無論是安靜無聲的禱告、唱誦或禪修，都是在當下回到自己並觸及安詳的一種方式。同時，祈禱也是幫助我們和宇宙及無盡永恆連結的途徑。我們真正的幸福來自於當下的覺察，意識到我們與宇宙中所有事物的連結。

真實的連結

每次走一小段路，像是從家裡到公車站，或是從停車場到工作場所，你都可以選擇走路的方式，讓每一步帶來喜悅、安詳與幸福。這樣走路，我們可以感受到與自己、與腳下的大地、與周遭的每個人相連。你不會因為有了電話，便覺得能與外界連結。我從來沒有手機，但也從來沒有和任何人失去連結。連結我們的是正念的呼吸和腳步。如果你想與他人連結，你要做的是每天用過早餐後，在上班的途中練習行禪。帶著安詳與自在行走，就能與生命全面連結。

共修

禪修不再是個人的功課；這個時代的禪修應
該是一種集體實踐。整個國家、整個世界，
都可以一起禪修，深入檢視貧窮、排斥與絕
望這些真正的問題。

扎根

葉子通常被視為樹的子嗣。沒錯，它們是樹的孩子，從樹生出來，但它們也是樹的母親。葉子將樹汁、水和礦物質與陽光和二氧化碳結合，給樹帶來營養。如此一來，樹葉就成了樹的母親。我們都是社會的孩子，也同時是母親；我們必須滋養社會。如果我們與社會疏離或脫節，便無法將社會轉化為更適合自己和孩子居住的地方。禪修並非脫離社會，而是幫助我們更穩固地扎根於社會，如此葉子便能滋養樹木。

為自己和彼此修習

個人是由非個人的元素組成。你內心深處的苦，就是社會本身的苦。當你禪修時，同時也帶著社會，帶著我們所有人一起禪修。你不只是為自己禪修，而是為整個社會禪修。你不只為自己尋求困境的解答，也是為所有人尋求解決之道。

修習的社群

當我們與他人一同修習,形成相互的支持,修習也變容易了。佛教的修行團體稱為僧團。我們也可以在家中組成修習的團體。如果每個人都學到諦聽和愛語的藝術,就能幫助我們的工作場所、社區、地方政府,乃至國會成為修習的社群。成為修行團體的一分子,可以療癒孤立和分離之感。我們一起修習正念、一起坐禪、行禪,有時候也一起喝茶、種花、吃飯、洗碗。僅僅透過與同修進行日常活動,就可以體驗到真摯的愛與接納。修行團體是一座花園,到處都是樹木和鮮花。當我們將自己和他人視為美麗、獨特

的樹木和花朵，就能真正成長，相互瞭解、相愛。一朵花可能在早春盛開，另一朵則在夏末盛開。一棵樹會結出許多果實，另一棵樹則會提供清涼的樹蔭。沒有哪種植物比另一種更偉大。

社群無處不在

我們可以著手與伴侶、家人、住在一起的人
建立修行團體，或是每一週、每個月與朋友
聚會，一同修習。在小小的團體裡，我們透
過修習，體會平靜、幸福與喜悅。同時，也
能從小團體看到大團體的脈絡；我們的老
師、父母、朋友及眾生，包括動植物及礦物
的世界，都在幫助我們修習。在日常生活的
任何時刻，覺知它們的存在。盡一切的力量
將幸福、安樂帶給空氣、水、岩石、樹木、
鳥類和人類。

今天這一天

生命只存在於當下。我認為大家應該訂個節日來慶祝這個事實。我們有很多紀念重要事件和人物的節日，比如聖誕節、新年、母親節、父親節，甚至地球日，為什麼不慶祝能整天幸福快樂活在當下的這一天？我要宣布今天就是「今天日」，這一天獻給了連結地球、連結天空、連結樹木，以及連結當下此刻的平靜。

集體智慧

當螞蟻聚集在蟻丘之中，我們可以看到智慧、合作，還有思想和洞察。牠們確切知道該做什麼、不該做什麼。蟻丘就像一個有機體。如果將五隻、十隻或十二隻螞蟻和其他螞蟻分開，牠們會變得毫無頭緒、困惑，茫然地亂竄。螞蟻社群所做的事，並不是個別螞蟻能夠做到的。螞蟻社群中沒有領導者；蜜蜂和白蟻也是如此。當個人集合起來成為修行團體，像有機體一般運作時，就具備了智力、想像力、洞察力、穩定和智慧。

少了指揮的交響樂團

大腦中有大量的神經元相互交流、相互作用，以產生思緒、感覺和想法，但沒有哪個神經元能主導一切；這就像沒有指揮的交響樂團，也像所有蜜蜂一同工作的蜂巢。蜂后不是領導者；牠唯一的職責是孕育下一代蜜蜂。看著我們的身體，我們看到無數的細胞一起工作，但是沒有老闆。僧團是一起修習念、定和慧的團體，就像蜂巢內的蜜蜂，每個人都能和諧共事。

每個人都需要僧團

一九六六年，我在西方世界為自己的國家爭取和平，結果卻被放逐。我自覺像是身負使命的蜜蜂，被驅離蜂巢，也彷如身體之外的一個細胞，很可能乾枯萎謝。身為修行者，當你與僧團分離，宛如經歷死亡。我不願這種事情發生在自己身上，所以聯繫了學界，以及為和平而努力的各教派精神領袖，共同創建了一個修行的社群。我知道少了僧團，我無法生存。無論我走到哪裡，我心中隨時帶著我的僧團；無論身在何處，我都會開始建立僧團。

茶禪

我們在梅村經常進行茶禪。我們會花點時間準備，好享受安靜、平和的氛圍。我們將坐墊和墊子圍成一圈，中間擺上漂亮的花，然後聚在一起享用茶、餅乾和所有人的陪伴，歷時大約一個半小時。我們什麼都不做，哪裡也不去，在這寧靜、親密和輕鬆的氛圍中，分享詩句、歌曲和故事。通常，喝一杯茶只需要幾分鐘，但是這樣花時間和彼此實際相處，我們更培養了理解和幸福。

心安，世界安

有了正念這種和平的修習，我們可以轉化內在的戰爭。這個修習需要技巧。有意識的呼吸是其一。每當你感到生氣時，可以停止手邊正在做的事，什麼都別說，只要幾個深呼吸，覺察每次吸氣和每次吐氣。如果仍然感到沮喪，可以去散步，在緩慢踏出每一步和每一次呼吸時，都保持正念。只要內心達到和平，社會的和平也就實現了。這取決於我們。心的和平，就是減低這種感覺和那種感覺、這個想法與那個想法之間的爭戰次數，最後我們和他人之間也達到真正的和平。

每日正念，是改變的基礎

正念的日常修習，會帶來真正的解脫與社會改變。社會行動必須基於真實、穩定的正念修習。當我們有了靈性修習的基礎，政治和社會的改變就容易多了。藉由規律的正念修習，我們會有明確的方向，知道在日常生活中要採取哪些行動、不採取哪些行動，才能幫助我們的社區參與社會的改變。社會公義只能透過改變集體意識來實現。只有當我們帶著自由、理解與慈悲，還有平靜與喜悅，社會行動才有意義。

橄欖樹

有一年，我去義大利帶領禪修營，發現那裡的橄欖樹是幾株、幾株長在一起。我很驚訝，詢問為什麼將它們分成三、四棵一組，種在一起。朋友解釋，每一組實際上是同一棵樹。某一年冬天嚴寒，所有橄欖樹都死了，但地裡深處的樹根仍然活著。當春天來臨時，年輕的嫩芽成群茁壯，每棵樹都長出三、四根樹幹。它們看起來是分開的橄欖樹，其實是一體的。

真正的社群

國會或議會有可能成為一個社群嗎？我們的社會是奠基於自他的二元思想，這種思想會推動自利。我們不習慣將自己看作一個社群，或是以普世和諧、和平的角度去看待現實。回到自己，深觀社會現況，我們可以認識到不和諧、衝突和痛苦背後的原因。同時，我們也認知到，有一條正念與和諧之道可以帶來轉化與療癒；這會帶來真正的手足情誼、真實的人際連結和真正的社群。

全球社群

不管大家怎麼看，人類都會成為一個全球性
的社群。世界各處的分離和破壞此起彼落。
我們能像螞蟻和蜜蜂一樣和諧共事嗎？建
立社群是一門藝術。修習的社群是根據念、
定和慧原則運作的有機體。為了避免爭執、
破壞和痛苦，我們每個人都可以運用正念的
修習、洞見和社群建設的經驗，協助打造這
個全球社群。

恢復平衡

地球從過去以來經歷了許多苦難，一直努力從中修復。她經歷了自然災害，例如與其他行星、隕石和小行星的碰撞，還有嚴重乾旱、森林大火和地震。然而，經過這些事件，地球依然能夠復原。如今，我們污染了環境和海洋、讓地球暖化，對地球造成極大的壓力，她再也無法自癒。地球失去了平衡。我們也失去與地球及其自然節奏的連結。我們所有人都必須對地球的處境付起責任，瞭解我們在這過程中扮演的角色，並且知道如何保護地球母親。我們不能只依賴地球來照顧我們，我們還需要照顧她。要是無

法恢復地球的平衡，就會繼續造成破壞，地球上的生命將難以存續。我們應該體認到，恢復所需平衡的條件來自於我們的內在，以及維持正念和覺察的能力。我們自己意識的覺醒，就是療癒地球之道。

新鮮香草

越戰期間，我們擔憂的事情非常多——每天都有炸彈投下，造成人命的傷亡。我的心專注在能做些什麼來停止戰爭、殺戮和苦難，並沒有時間接觸生命中清新和療癒的奇蹟。我的身心都得不到需要的滋養。有一天，一個學生帶著一籃新鮮的香草來配午餐（在越南，每頓飯通常會配上新鮮的香草），我充滿驚嘆地看著它們。我發現自己一直沒有時間想到新鮮香草等事物，這些簡單的日常事物就是生命中的奇蹟。

這個經驗告訴我，不該完全沉迷於工作，以致被工作淹沒。我應該要有時間生活，與

自己、與周遭這些清新療癒的元素連結。

　一盤簡單的新鮮香草就足以修復我失去的平衡。我們這些和平工作者總是希望成功幫助世界，但如果我們無法保持工作與精神食糧（正念修習）之間的平衡，就不可能堅持下去。修習行禪、正念呼吸、與內在及周圍的清新療癒元素連結，對我們的生存至關重要，能幫助我們繼續工作，努力不輟。

全球的美德

我們生活的世界已經全球化。世界各地的經濟體大多會彼此影響。我們的政治、教育、文化和消費已經超越國界。我們的道德和價值觀也需要全球化。新的全球秩序,有賴一套所有人都能接受的全球美德。共同的道德守則是應對當前真正挑戰的關鍵。我們在世界各地,都面臨氣候變化、暴力和戰爭。狂熱主義、歧視、分裂、不公、經濟危機和環境破壞,影響到所有人。來自不同國家和傳統的人可以坐下來,找出造成全球苦難的原因及解決辦法。如果我們以清晰、冷靜、和平的眼光深入觀看,就能看到導致苦難的原

因，找到出路。我們來自許多不同的文化和國家，各自有既定的價值觀、行為方式和道德準則。每個國家、每種文化和傳統都可以有所貢獻。制定全球性的道德守則，需要所有人的集體智慧。借助世界各地人民和傳統的智慧，我們可以在相互尊重之中，建立起全球共通的美德。

創造實際的改變

有場革命,必須從我們的內在開始,逐漸向外推展。當我們改變自己看待世界的眼光,意識到我們與地球是一體的,開始正念的生活,我們的痛苦就會逐漸減輕。當我們不再為自己的痛苦所淹沒,便能生出慈悲和理解,以愛與尊重對待地球。自我的平衡恢復了,也就可以著手修復地球的平衡。對地球的關注,以及對自己和自身福祉的關注,其實一般無二。療癒地球和療癒自己之間,也沒有區別。真正的改變,只有當我們愛自己的星球時才會發生。只有愛,才能向我們展示如何與自然、與彼此和諧共存,免受環境

破壞和氣候變化的災難性影響。當我們認識地球的美好與潛能，就會感受到與地球的連結，愛在心中滋長。我們想要獲得連結。那是愛的真義：成為一體。當你愛一個人，你希望像照顧自己一樣照顧那個人。當我們如此付出愛，這種愛是互惠的。我們願意為地球做任何事情，而且我們相信地球也會為我們的福祉竭盡全力。

從太空看地球

一九六九年，人們第一次看到環繞月球飛行的太空人拍攝的地球影像。這是我們第一次看到整個地球的模樣。從太空看，我們可以將地球視為一個生命系統，可以看到地球有多美、有多脆弱，地球大氣層也是如此——只是薄薄的一層，就能保護所有人。

對於太空人來說，地球是一顆充滿動力、生命力和光芒的寶石。當我第一次看到那些照片，感到非常驚訝。我想：「親愛的地球，我不知道妳這麼美。我看到自己的內在有妳，也在妳身上看到我自己。」

集體覺醒

世界上有許多人試圖喚起某種集體的覺醒。如果我們能做到，一切都會好起來，我們會明白如何與彼此、與地球和諧相處。只要連結起來，我們會知道應該如何拯救地球，為我們的孩子及他們的後代創造未來。當我們意識到現實相互依存的本質，就能改變意識，這是每個人都能以獨特的方式經驗的了悟。這種了悟並非來自任何意識形態或思想體系；它是我們在眾多關係之中直接體驗實相的成果。

分享洞察

在歷史上這個危險而關鍵的時刻，我們必須學會發聲，讓我們的聲音以及所有靈性祖先的聲音傳達出來。我們應該以光照亮世界，世界才不會陷入全然的黑暗。每個人內心都有覺醒與智慧的種子。讓我們彼此互助，喚醒這些種子，讓每個人都有勇氣發聲。我們有工具、有道路，也有能力。透過實踐，我們能夠獲得必要的洞察。我們需要的只是開始。隨著每一步、每個呼吸，我們每天的生活都將幸福快樂帶給地球、心愛的社群，也帶給我們自己。

連結的練習

有助重新整合身體與心靈、

回到生活中當下此刻的練習。

回到身體的家

維持規律的坐禪修習非常有益，即使只是睡前十分鐘，或是早上開始一天工作前的十分鐘。在公車上、開車等紅燈、在機場，甚至在公司等待開會前或是休息時間，都可以修習靜坐。保持規律的修習，是與身體、感受和心建立並維持連結的方式。這給我們帶來平靜與清明。靜坐時，請確保姿勢舒適，背部挺直、但不僵硬，眼睛半睜或閉上，下顎放鬆，肩膀放鬆。嘴角上揚微笑，有助於放鬆臉部所有的肌肉，感覺安詳和喜悅。首先，我們開始呼吸，跟隨著意識，注意腹部和緩的起伏。放鬆全身，釋放所有的緊張。

這非常簡單有趣。禪修不是一件苦差事！你可以在靜坐時默念這些短句，也可以躺在地上練習身體的深度放鬆，將注意力帶到身體的每個部位，釋放緊繃，感受喜悅。

我吸氣，跟隨我的吸氣，從頭到尾。
我吐氣，跟隨我的吐氣，從頭到尾。

覺察空氣溫柔地進入體內，我吸氣。
釋放身體累積的緊張，我吐氣。

意識到肩膀和腹部，我吸氣。
放鬆肩膀和腹部，我吐氣。

覺察身體的狀況，我吸氣。
對身體保持感恩，我吐氣。

我吸氣，安住在當下此刻。
我吐氣，這是美好的時刻。

引導式坐禪

正念有兩個功能。首先是連結我們周圍的美好事物。第二是連結內在與周遭的負面情緒，如憤怒、恐懼、痛苦和悲傷。正念可以幫助我們認識並擁抱這些苦受並加以轉化。透過引導式坐禪練習，我們得以認識、轉化困難的情緒或消極的想法。我們多半先培養對呼吸和身體的覺察，包括穩定呼吸和身體，放鬆並釋放體內的壓力，接著再辨識、擁抱思緒和感受。下面是簡單的禪修引導：

吸氣，我知道我在吸氣，
吐氣，我知道我在吐氣。
吸氣，吐氣。

吸氣，我的吸氣變深，
吐氣，我的吐氣變慢。
加深，放慢。

覺察我的身體，我吸氣，
放鬆身體，我吐氣。
覺察身體，放鬆身體。

覺察我的感受，我吸氣，
平靜我的感受，我吐氣。
覺察感受，穩定感受。

覺察我的心，我吸氣，
讓我的心喜悅，我吐氣。
覺察心，讓心喜悅。

吸氣，我感到活著的幸福，
吐氣，我對生命微笑。
幸福，微笑。

行禪

我們帶著正念行走，雙腳接觸到大地母親。我們溫柔的每一步都帶著全然的覺知。這樣的步伐，具有將我們從疏遠的狀態中解放出來的力量，帶我們回到真正的皈依處，重新與自己連結，與地球連結。每一步都是滋養和療癒。

　　無論走到哪裡，無論是在機場、超市，還是林間小徑，我們都行走在大地母親之上。以自然輕鬆的方式走著，步伐配合呼吸。吸氣時，可以走個一、兩步或三步。吐氣時，你可能會比吸氣時多走幾步，比如吸氣時走兩步，吐氣時走三步。

吸氣，吸氣。
吐氣，吐氣，吐氣。

或許，你還想嘗試慢步行禪。每次吸氣，
只走一步，每次吐氣也只走一步。我們為自
己、為親人，乃至為整個世界而走。我們帶
著正念行走，從大地得到滋養，每一步都發
願保護所有的生物。我們也可以邊走邊念以
下這些句子，而不是計算所走的步數。

回到地球的家。
回到我的根源。

皈依大地母親。
把我所有的痛苦釋放給大地。

大地母親在我之內。
我在大地母親之中。

療癒受傷的小孩

我們小時候是非常脆弱的，很容易受傷。這種痛苦一直存於我們內在。我們內在受傷的五歲小孩始終在那兒，需要被傾聽。如果我們希望與他人建立連結、瞭解他們，我們必須先為自己做到這一點：我們可以練習與內在的小孩連結，辨識、擁抱並轉化他的苦。我們可以練習回顧自己五歲的時候，然後想像父母、兄弟姊妹，或那些讓我們受苦的人五歲的時候。下面是簡單的坐禪引導：

吸氣，我跟隨我的吸氣。
吐氣，我跟隨我的吐氣。

吸氣，我穩定身體。
吐氣，我對身體微笑並放鬆。

吸氣，我看到自己是個五歲的小孩。
吐氣，我對內在的五歲小孩微笑。

看到自己五歲時有多麼天真、脆弱、容易
　　受傷，我吸氣。
安慰五歲的自己，我吐氣。

感受到五歲時的痛苦和孤獨，我吸氣。
安撫並擁抱那五歲的自己，我吐氣。

感受到五歲小孩的強烈情緒，我吸氣。
平復五歲小孩的強烈情緒，我吐氣。

對五歲的自己感到愛與慈悲，我吸氣。
接受本來的自己，我吐氣。

現在，對你的母親、父親，或你認為過去曾經傷害你的人做相同的練習。你不僅能與他們建立更多連結，心中也會生出愛、理解與慈悲。

吸氣，我看到母親是個五歲的小孩。
吐氣，我看到她五歲時有多麼天真、脆弱、容易受傷。

（以此類推⋯⋯）

慈心禪

將愛與慈悲送給自己與他人，這本身就帶有治療與轉化的力量。我們可以將愛與慈悲的療癒能量先送給自己，然後送給我們愛的人、遭遇困難的人，最後送給各處受苦的眾生。我們會說「願我」，然後是「願你」、「願他們」，最後是「願眾生」。你可以在每天睡前或日常禪修時念這些句子。這樣我們就能與整個世界、與眾生連結。

願我身心平靜、快樂和輕鬆。
願我免於傷害。
願我沒有憤怒、恐懼和焦慮。
願我學習用理解和愛之眼看自己。

願我能辨識並接觸內在快樂與喜悅的種子。
願我能學習辨識並看到內在貪、瞋和癡的根
　源。

願我知道每天如何滋養內在的喜悅種子。
願我能過著清新、安穩、自在的生活。
願我能出離執著和厭惡,但不至於冷漠。

有意識的呼吸，平靜的皈依處

我們的呼吸是個安穩堅實的基礎，可以當作我們的皈依處。無論內心發生什麼事，呼吸永遠伴隨著我們，彷彿忠實的朋友。每當我們被自身的思緒帶走、被強烈的情緒淹沒，或是內心躁動散亂，我們都可以回到呼吸，讓身心合一，讓心集中、平靜、穩定下來。我們覺察到空氣進出身體。有了對呼吸的覺察，身體自然變得輕鬆、安穩、平和。無論是白天、黑夜，無論是走路、開車、在花園除草，還是坐在辦公桌前，我們都可以回到呼吸這個平靜的皈依處。

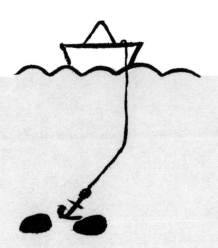

【跟一行禪師過日常】系列

《怎麼吃》（*How to Eat*）

《怎麼吵》（*How to Fight*）

《怎麼愛》（*How to Love*）

《怎麼鬆》（*How to Relax*）

《怎麼看》（*How to See*）

《怎麼坐》（*How to Sit*）

《怎麼走》（*How to Walk*）

相 關 書 籍

《你可以不生氣》（*Anger*）

《當下自在》（*Being Peace*）

《用正念擁抱恐懼》（*Fear*）

《呼吸禪》（*Peace in Every Breath*）

《諦聽與愛語：一行禪師談正念溝通的藝術》（*The Art of Communicating*）

《正念生活的藝術》（*The Art of Living*）

《佛陀之心》（*The Art of the Buddha's Teaching*）

《正念的奇蹟》（*The Miracle of Mindfulness*）

《和好：療癒你的內在小孩》（*Reconciliation*）

《正念擁抱大地》（*The World We Have*）

國家圖書館出版品預行編目資料

怎麼連結 / 一行禪師（Thich Nhat Hanh）著；張怡沁譯. -- 初
版. -- 臺北市：大塊文化出版股份有限公司, 2021.10
128面；12×18公分. --（Smile；175）（跟一行禪師過日常）
譯自：How to connect
ISBN 978-986-0777-43-7（平裝）

1. 佛教修持　2. 生活指導

225.87　　　　　　　　　　　　　　　　　110014565